입술 위의 검은 새

문선정

시인의 말

말이 잘 안 붙는 말들이 있었어요

그런 말들을 모아 시를 썼고요
감자는 멋대로 싹이 나고
비는 손 모양으로 내리고
한 아이가 세상에 왔죠

들여다보지 않아도 괜찮아요
하지만 혹시 들여다보게 된다면
당신 마음에 한 구절쯤
'쿵' 하고 남았으면 좋겠어요

　　　　　　　　　　　2025년 가을
　　　　　　　　　　　　　문선정

입술 위의 검은 새

차례

1부 무단 생존 중입니다만

마그리트풍 창문	11
감자에 싹이 나서	13
고자질	14
감정을 상속받다	16
어차피 항복	18
출입 통제선	20
루나의 연애에 풍선을 달아 줘요	22
모란 모란 모란꽃	24
입국 심사	26
나무의 주소	28
꽃잠	30
힘내요, 날씨	32
나는 오렌지였어	34

2부 말이 되는 침묵

물의 벼랑	39
무명 씨	42
꿈의 국적은 어디입니까	44
내가 너를 데려가겠다	46
웃음들	48
소리를 걷는다	50
입술 위의 검은 새	52
비는 손의 모습으로	54
피아노를 지키는 밤	56
책방 일기	58
슬픔이 뛰어내리는 장소	60
제대로 삐뚤어졌습니다	62
농담 한 송이	64
달러 이야기	66

3부 관찰자의 거리

이번 역은 향기역입니다	71
숲의 개인사	73
매미의 계절에	74
불쑥, 사과	76
레미콘을 운전하는 엄마	78
오늘의 일용할	80
밤 버릇	81
첨벙이라는 귀	82
떫은 겨울에	84
손의 말을 들어 보면	86
엄마의 산에 오르세요	88
저녁이 앉아 있네	90
나를 안아 주세요	92

4부 새와 우주, 비가시의 거리

작설	97
여름이면 여름이지	99
걸어서 오는 새	100
새는 누구인가	102
새집 무료 분양	104
응시	106
딱 걸렸네	108
쿵	110
우주가 온다	112
우주가 왔다 1	114
우주가 왔다 2	116
달의 무대	118
오버	120

해설

고독의 데페이즈망	123

―이병국(시인·문학평론가)

1부
무단 생존 중입니다만

마그리트풍 창문

긴 장마로 무연해진 몸의 뒤척임이 지루해지는 순간
르네 마그리트의 그림 같은 하늘이 창문에 걸렸다

마그리트 씨는 지난밤부터 사다리를 타고 올라
별을 그렸다가
푸른 덧칠을 한 뒤, 구름을 그리고 내려왔으리라

마그리트 씨의 그림에서 차르르 햇살이 내린다
나는 해의 냄새를 밟으면서
지루할 뻔했던 하루를 데리고 가만가만 걷는다

이런 나를 내려다보는 그림이 술렁거리기 전에
날개를 편 새의 모양으로 하늘을 오려 내어
내 가슴에 창문 하나 만들고 싶다
세상에 그려진 무수한 이정표의 끌림에도
오직 내게로 날아든 새는
구부정한 나의 허리를 일으켜 세워 주리라

창문 옆에
커튼처럼 흩날리는 키 작은 나무 한 그루 심으면
휘어지려는 가슴을 콕, 콕, 콕
쪼아 대도 성가시지 않은 새와
잎 그늘에 어리는 나무의 짙어지는 생과 구부정한
나의 생이
슬프거나 기쁘거나 한 울음을 터트리며 살아갈 수
있겠다

감자에 싹이 나서

라면 박스 안
감자들이 한껏 부풀어
배꼽을 틔우며 밀어 올려요

첫눈이 내린 지 오래인데
밖은 아직도 서늘한데
여기, 눅눅한 신문지를 밀치며
감자가 달려와요

아무도 심지 않았는데
아무도 보살피지 않았는데
눈도 코도 울퉁불퉁한 얼굴로
파르스름한 팔뚝을 가로로 세로로 포개고
새날의 연둣빛에 당도하려는 거겠죠

말은 없지만
감자의 천진한 눈동자를 본 것이
오늘 나의 기쁨이겠습니다

고자질

엄마
생리대를 사러 왔는데
열여섯, 앳된 나와 불쑥 마주쳤다
그 애는 기다렸다는 듯 내 앞으로 달려와
나도 엄마가 필요했는데
내 몸에 처음 꽃피울 때
엄만 어디 갔었느냐고 따지고 묻는다
전보로 부친 내 말, 듣기는 들었느냐고
아이가 재차 묻는다
결국, 나는 해결할 수 없는 속내를 동동거리다
아버지의 돈을 훔쳐 생리대를 샀었지
오빠가 다그쳤어
사라진 돈의 행방을
머리끝부터 발끝까지 뜨거워 죽는 줄 알았다
이 자리에서 그냥 죽고 싶다는 말을 섞어
모깃소리만 하게 자백했어
엄마 없는 밥상에 둘러앉아
눈물 삼킬 힘도 없었어

오빠는 내 앞으로 반찬을 슬쩍 밀어 주었는데
내 눈치를 보는 아버지의 다정한 눈빛도 싫었다
밤새 어린 몸뚱이를 뚫고
낱낱이 수치스러운 꽃을 피우던 이불 속에서
언니한테서 엄마만 뺏어 왔으면 참 좋겠다는 말 주머니만 수백 개 만들었어

이런 눈물의 밑천을 일러바치려고
앳된 계집애는 나를 따라다니는 거 같아
나는 왜 생리대를 들고 있으면
죽은 엄마에게 매달려
오래된 일을 일러바치는 걸까
왜, 눈물이 핑 도는 걸까

감정을 상속받다

사랑이라는 단어를
누가 내게서 훔쳐 갔을까

아버지의 외로움이 내게 대물림되었다
조용한 폭력이고 잔인하고 정교한 유산 상속

수없이 재생되는 상속의 방
출발점을 찍고, 지도를 따라간다
잃어버린 방향 감각이 뒤죽박죽인 감정의 길로 들어섰다

원형의 하루, 삼각의 결핍, 사각의 방, 곡선의 기억
모두 파기 대상이다

고독이란 병기는
감정의 쿠데타로 침투한다

기고만장한 고독은

언제 어디로 기습할지 모르는 유령 같은 존재
나는 몸을 낮추고 소리를 삼키며
감정을 말살하는
암살자의 운명

색출한 감정의 속을 왈칵 뒤집어
급소를 향해 조준선을 맞춰 방아쇠를 당긴다
지문처럼 남을 눈물의 무늬도 제거 대상이다

작전이 끝나고
문득 떠오른 하나의, 오류
흔들리는 작전
실패한 작전이다

―나는 누구의 타깃이었을까
―나는 누구의 기억에서 살아남아 있을까

어차피 항복

나는 더 이상
그리움을 제거할 수 없다

수십 차례 조준했지만
기억은 탄환을 비웃었다
감정은 늘 빠른 도주자로 진화한다

수거한 눈물은
매번 새로 채워졌고
폐기한 단어들은 밤마다 다시 입에 맺혔다

"괜찮다"라는 위장 어조는 무너졌고
"사랑했다"라는 금지어가
내 안에서 반복 재생되었다

작전은 실패했다
나는 암살자가 아니라
오랫동안 감정을 지키던 경비병이었을지도 모른다

그래서 나는, 이제 항복한다

기억이 침투한 자리를 봉인하지 않겠다
눈물이 지나간 자리도 그대로 둘 것이다
지워지지 않는 건, 지우지 않겠다

나는 누구의 그리움으로 남아 있어도 괜찮다
나는 누군가의 기억에서 살아도 괜찮다

감정 앞에 무릎 꿇는다

출입 통제선

아버지의 생을 한 장씩 넘기자
콧잔등이 따끔거렸다

먼지인가?
앨범 속에서 흘러나온
낡은 피인가?

아버지의 술잔에 달빛이 쏟아지면
술잔에 걸린 입술이 흔들리고
목울대가 끄덕이고
재채기가 터지고
고향 밖으로 밀려난 생이 휘청거리던
아버지는
고향 가까운 곳을 기웃거렸다

철조망이 눈을 감고
목이 긴 바람이 무심히 지나갔다
바람이 지나간 자리

이 고요한 폭력에도
꽃들이 몸을 일으켰다는 소문이 끝없이 돌았다
여기서도 거기서도
비슷한 모양으로

그러나 꽃이 눕고 일어나는 걸 본 사람은 없다
낡은 뼈들이
도깨비처럼 굴러다니는, 출입 통제선

루나의 연애에 풍선을 달아 줘요

실크 원피스는 도착했지만 비행기 표는 취소되었다네

마스크가 유령처럼 떠돌고 울적함이 기본값이 된 이 시대
코로나만 없었으면 사랑은 풍선이 될 텐데

몽파르나스 원예 농장에
파란 눈의 애인이 산다는, 루나

구름이 프랑스만큼이나 예술이네요
내 연애는 뜬구름처럼 사라졌어요
날씨만 봐도 떠오르는 옛 연애의 꼬리표
단맛 짠맛 쓴맛
몸서리치게 겪어 낸 감정의 뷔페식 연애 코스였어요
이번엔 최신식 연애라 믿었는데
이별 또한 혁신적이라니요

피에 굶주린 뱀파이어는 우울할 때마다 섹스 탓을 한다며
　루나는 혀가 꼬부라진 채 와인 탓을 한다

　프랑스식 붉은 표현들은 온몸으로 노골적이구나
　뽀얀 구름 아래 살구색 실크 원피스가 나부낀다
　루나의 연애가 노골적으로 나부낀다

　이게 무슨 필요 이상의
　신파극 같은 한 편의 프랑스 영화람

　떠돌이 구름만 지나는 푸른 하늘 아래
　아무 걱정 없는 꽃들만 흥청망청 평화롭다

모란 모란 모란꽃

비바람이 잠을 부수고 들어온다
뒷골목에 흩어진 밤의 파편들
실눈처럼 열린 잠의 지퍼 사이로
헐벗은 구름이 기웃거린다

구름은 처음부터 불온했다
침묵의 전파를 타고
하체 없는 석고상처럼 떠돌다
바람과 짧은 밀회를 나누고 느닷없이 가라앉는다

비가 내린다
4시의 기분은 칼끝처럼 날카롭고
세상은 흑백 필름처럼 흔들린다
울타리 나무 늑골 사이로 불안이 바글바글 모여들고
내 창가를 기웃대던 새의 발목을,
싹둑 지워 버리고
훌쩍이는 감정을 벗겨 내

모란을 그린다

눅눅한 날, 번지는 색
너무 붉어서 불경한
너무 풍만해서 위태로운
모란 모란 모란꽃

발목에 힘을 주고 살아도
천국은 쉼 없이 피고 지고
질서는 우아하게 무너지고
우리는 멋지게 망가진다

비가 휘파람을 불며 사라진다

입국 심사

주말이 지나고
사람들은 가볍게 떠났다

비닐봉지가 바람에 날리고
깨어진 병들이 반짝인다
깃털처럼 흩어진 과자 봉지들
산새들의 시체인 줄 알았다

숲이 심사를 시작한다

이 숲에 들어오려는 자
줄을 서라
흙냄새를 모르거나
물소리를 숫자로 세는 자는 돌아가라

다릅나무 아래 눕지 못한 자
풀벌레 소리에 귀를 기울이지 않는 자
쓰레기를 두고 가며 미련 없이 떠나는 자

모두 거부당했다

한차례 비가 내리고
다시 조용해지는 숲

눈을 감으면
바다 같은 하늘이 출렁인다

나무의 주소

신전이 되어 버린 은행나무가 있다지

꼬깃꼬깃한 주소를 들고 기차를 탄다
우러러도 모자랄 생을 감히 더듬기는 어려운 일이지만
한 발짝도 다가서지 못한다 해도 어쩔 수 없는 일이지만
나무의 봄이었던 여름이었던 풍장 속으로
들어가고 싶었다

일천 년 동안 써 내려간 경전을 만나러 가는 길

바람이 흩어졌다 다시 모여드는 속도로 흔들리는 문장들이 경을 왼다고도 들었다
노랗게 불어오는 바람을 따먹고
노랗게 익어 천 년이라고도 들었다
내게 문을 열어 줄 시간 앞에서
자세를 고치다가

정작 드는 길을 지나친다고도 들었다

얼마나 더 가야 경전에 닿을지
끝 간 데 없이 걷고 또 걸어도
내리고 오르고 또 올라도 흔들리는 길

꽃잠

옆집에 심은 능소화
몇 해 목을 빼고 기웃거리더니
기어이 우리 집 담을 점령했다

꽃들이 몸을 흔들며 춤을 출 때마다
담장엔 화려한 경계로 생기가 넘쳐났다

한때 담장 위에서 춤추던 꽃들이
우레를 싣고 지나가는 장마 속에서
더운 바람의 한복판에서
가지 끝을 놓쳐 버린 꽃송이들
나는 수북한 꽃 무덤을 바라보는 일이 늘어났다

꽃들의 영혼이
내 콧등을 지그시 누르고
먼 타국 땅에서
예고 없이 떠난 엄마의 죽음이
한번 더 콧등을 짓누르는

꽃들이 피고 지는
오래된 날의 한 조각을 붙잡아 본다

웃음기 사라진 얼굴에, 새하얀 분칠을 하고
살아서도 아끼던 빨간 립스틱을, 입술에 바르고
꽃 한 송이, 하얗게 안고
꽃으로 치장한 침대에 누워
엄마는 나를 떠났다

오늘 저녁
시체꽃의 냄새라도 흠향하시라고
월담하는 꽃들이 은밀히 속삭인다
흰 꽃 가슴에 안고 떠난 엄마를 불러낸다

힘내요, 날씨

마을이 사라졌다
입이 얼마나 큰지 마을을 통째로 집어삼킨
안개의 껍질을 찔러 본다

손끝으로 찌르면 쑥 들어가는 그의 실체는
보기엔 연약해 보이지만
그 속에는 숱한 비밀들이 숨겨져 있다
그러나 웬만해선 뚫어지지 않고 흔들림 없는
물렁물렁하고 아슴푸레한 속내를
그는 쉽게 보여 주지 않는다

안개의 몸을 찢으며 먼저 길을 나선
고양이의 몰랑몰랑한 발자국을 따라가는, 길

젖은 속눈썹 사이로 고요한 풍경이 조금씩 드러난다
한밤을 안개의 뱃속에서 잠들었던 마을이 깨어나는
몽환의 순간

온전히 마을을 뱉어 낸 풍경
참 따습기도 하지

안개의 위장을 빠져나온
노파가
안개로 배를 채운 냉이를 호미질한다

낡은 담벼락 아래
다시 살아 보겠다고 세상에 손 내미는 온갖 잡풀들

붉은 벽돌집 울타리에서
아직도 시간을 읽고 있는 목련 봉오리

여차하면 근육을 찢고 나올 준비로
몸을 부풀리는

힘내요, 날씨

나는 오렌지였어

일찍 결혼한 언니는 좋겠다
권력의 집에서 탈출해서

내 사춘기를 단속한다는 명목으로
잔소리에 엔진 단 오빠는 내 목을 조여 왔다
엄마와 아버지는 오빠의 연합군
권력은 집단으로 몰려왔다
늘 협박하고 압력하고 관여했다

나는 점점 말이 없어졌다
때로는 너무 말이 없어서
이 세상에서 내가 없어진 건 아닌가 했다

그들은 그들의 인생을 스스로 말아먹었고
나는 내 하루를 강탈당했다
폭발 일보 직전의
사춘기는 발화 직전의 날것

안 돼! 하지 마! 만나지 마! 입 다물어!

제발, 그만!
나는, 무엇이든 되고 싶었고
하고 싶었고 가고 싶었고 만나고 싶었다

말하고 싶었고
소리 내고 싶었다
거짓말에 오렌지빛 문장이라도 덧칠해야 했다

슬프지 않을 때 펑펑 우는 오렌지
기쁜 일이 없어도 크게 웃는 오렌지
이런 서사를 쓰는 오렌지는 저 혼자 새콤달콤 맛을 살렸다
그들의 권력을 무력하게 만드는 일쯤이야
누워서 떡 먹기

가끔 누워서 떡 먹다 체하는 참사가 벌어졌지만

하루하루가 불쏘시개처럼 빠르게 지나갔다

나도 엄마가 되었다
권력이라는 게 조금씩 손에 감기기 시작했다
방 하나에는
나를 쏙 빼닮은
더 강력해진 시한폭탄이 일촉즉발 전의 고요 가운데
숨을 고르고 있다

사는 데 힘을 쓰다 보니 알게 되었다
권력에도
다정한 방식이 있다는걸

너무 오래 걸렸다
아무도 알려 주지 않은 다정한 권력

2부
말이 되는 침묵

물의 벼랑

  목련이 피었네
  토끼 같은 앞니를 드러낸 아이들처럼 와글와글 피었네

  어제 내린 빗속에서
  거뭇하게 변해 버린 운동화 같은 꽃잎들
  꽃신, 다 모여 있네
  맨발의 아이들은 어디로 사라졌을까

  물이 찢어지고
  배는 기울고
  아이들은 벼랑 끝으로 끌려갔다
  손을 뻗어도 닿지 않는 육지
  기대어야 할 기둥이 사라진 시간
  아이들이 찢어진 물속으로
  생일을 앞둔 아이가
  금호 연립 사는 둘째 아이가
  인형 같은 아기가

교복 입은 아이들이
입안 가득 비명을 물고
물의 벼랑 아래로

떨어졌다

떨어진 자리에
떨어진 이름들
떨어진 목소리들
집집마다 기울어진 화면들
기울어진 시간들
물먹은 종이처럼

툭—
꽃들이 떨어진다

젖은 눈빛으로 아이를 만지는 심정으로
어른들은 처량한 조문객이 되어

말 없는 꽃을 꺾어 가슴에 다네

툭—
잘못 뜯긴 달력처럼
삼월과 오월 사이로 사월이 떨어지네

아무 일도 없었다는 듯
세월은
잘도 흘러가시네

무명 씨

대답만 잘하는 당신
이름을 말해요

반항의 리듬을 섞은 침묵, 침묵, 침묵

이름이 이름에게 권위를 부여하고
이름은 또 이름을 부르며 소속을 따지는
이런 놀이는 너무 뻔하고 시시하다는
그는 무명 씨가 되었다

이름이 없어야 살 수 있다고
그래야 더 몽글몽글한 아름다움을 그려 낼 수 있다고
언제든지
흔적 없이 사라질 수 있다는 존재를 선택했다
누구도 그의 뒤를 캐지 못해서
그래서 짧은 기억마저 묻힐 수 있어서

비에 젖은 증언, 햇살의 건방진 미소에만

대답하는 그는
무명 씨가 자신을 따라다니는 것도 늘 불만이었다

벌레들의 조롱 섞인 눈빛에 질려
그는 무명 씨라는 이름마저 힘들어했다

벌레들의 세상에서
어느 날 갑자기, 무명 씨가 사라졌다

꿈의 국적은 어디입니까

청룡 열차가 다녀야 할 철로 위로
거대한 배가 미끄러지듯 달린다
나 홀로 탄 배가 철로를 질주한다
물고기들이 공중을 헤엄친다
꿈은, 물고기들의 무리에
아가미도 없는 나를 밀어 넣었다

대낮에도 깜깜한 밤
하늘과 땅과 물이, 엉켜 버린 이상한 세계
이런 헐떡이는 환상을 경계해야지

너무 높고 깊은, 무너진 질서의 나라
나는 계속 둥둥 떠다니고
집이 저 아래, 너무 깊어서
내 집에 내가 빠져 죽을 것 같은
이런 헛소리를 뜯어내고
나는 무사히 집으로 가야 한다

하지만 꿈은
질긴 이빨로 나를 놓아주지 않았다

나는 몇 번이고 꿈에서 삐걱대며 날았지만
다시 제자리로 굴러떨어진 위치는
늘 같은 장소였다

꿈에게 끌려다니는 날은
내가 나를 혼내는 것처럼 심하게 앓았다

내가 너를 데려가겠다

안개가 눈을 삼키더니
네가 나를 썼다

불이 들어왔다
피로가 축적된 가로등이 어깨를 편다

졸던 길이 눈을 뜨고
수요일이 몸을 일으킨다

나는 얼굴을 고쳐 쓴다
숨을 모으는 네 눈을 바라보며
안경이 방향을 읽는다

휘어진 골목과
울퉁불퉁한 마음이 겹칠 때
희망은 돌멩이처럼 먼저 울기도 한다

오늘 나는

조금 까칠하다

날 제대로 써야, 너도 길을 잃지 않을 거다
어디로 가도 일요일은 오겠지만
나 없이
토요일에 닿을 수 없다

그러니
망설이지 말고
한 번 더 나를 닦아라

내가 너를 데려가겠다

웃음들

한동안 소식 끊긴 사람에게 카카오톡이 왔다
한겨울 느닷없이 아이스크림을 좋아하냐 묻는다
추운 날 마트에 가면 아이스크림은 꼭 사세요
라고 말했던 사람

대답을 망설이는 동안
바닷가 풍경 사진 한 장이 날아왔다
물결치는 바다를 배달했으니
무엇을 줄 수 있냐고 묻는다

속 깊은 바다와
걸음 예쁜 구름이 수평선에 맞닿은 풍경을 전송하고
지구에서 가장 푸르게 출렁이는 것을 주었으니
내게 무엇을 더 주실 수 있을지 물었다

빙수가 먹고 싶은데 어떡하느냐
여전히 자기 말만 하는
우리는 별로 친하지 않은 사이

기온이 뚝 떨어져 바닷물이 꽁꽁 얼면
짭조름하고 달큼한 빙수를 만들어 주겠다고 했다

그의 킥킥거리는 웃음이 퀵으로 전송되어 오고
나는 희미한 입술을 모아 동그란 웃음을 전송했다

달빛으로 푸른빛이 도는 이마가 시릴 때까지
우리는 킥킥거리다 헤어졌다
무거웠던 두뇌가 가벼워졌다

소리를 걷는다

딸각, 스위치를 켜자

어둠이 찢기는 소리
반짝거리는 타일에 부딪친 비명, 피할 곳이 없다

한 쌍의 더듬이로 질서 없는 대륙을 횡단하는
온몸이 마디마디 이어진 오싹한 녀석
못 본 듯 지나치라는 관용의 뜻인지
어디 한판 붙어 보자는 으름장인지
정수리에 쏟아진 소름이
발등까지 흘러내릴 때
이런 애매한 공식 앞에 몸을 부풀린다

소름으로 버무린 긴장을 좁쌀만큼 뜯어 먹으며
바닥으로부터 얼어붙은
통째로 붉은 지네 한 마리,
바구니로 확 덮어 버렸다

불면에 시달리는 실핏줄이
더듬이처럼 꿈틀거리는 시간
여러 개의 나직한 발을 끌고 다니는
조그만 소리
어둠이 벽이고 어둠이 문턱인
붉은 무덤 안에서
할퀴고 찢기고 물어뜯는 소리의 순서대로 나는 무너
진다

문득 내 속에 잠식하는 필라델피아를 향해
글리벡이 기습 공격할 때
검게 그을린 울음이 찢긴 밤을 떠다닌다

소리는 이런 방법으로 그럴듯하게 나를 이기는 것
이다

입술 위의 검은 새

이불, 빗자루, 화분, 쓰레기 봉지, 물소리, 젖은 빨래
이런 개별적인 노동의 틈에서 불쑥 솟는 감정을 누른다

알약 하나로 일렁이는 멀미를 가라앉히며 나는 병을 통과하는 중인데
아픈 나로부터 멀어진
너는 나무속 외딴섬, 옹이처럼 갇혀 사는구나

우리는 입술의 말을 쪼아 먹는 검은 새
혀끝에서 맴돌던 이름이 뼛조각처럼 부서지고
삼킨 말들이 목구멍에서 발톱처럼 돋아났다
잘못된 드로잉, 잘못된 배색
서로를 그렸다가 지워 내는 색의 충돌
잘못 섞인 물감들이 수군거리는 지독한 불량 덩어리
그러한 실체 없는 그림자들이 5절지 종이 위에 번진다

4B 연필심은 힘을 조절하는 능력을 타고났다

듣고 있니?
입술 위를 맴도는 순한 호칭을 그리고 싶었어

새 한 마리 내 혀 밑에서 기다린다
말이 태어나기 전에 부리를 찢고 나와
순한 말을 쪼아 먹는 육식성 검은 새

현관 앞 화분, 부스럭거리는 쓰레기 봉지,
덜 마른 빨래 위로 내리는 3월의 눈 좀 봐
앵두꽃이 앉아 있는 허기진 나뭇가지도 눈을 먹어 치운다

너는 자꾸 어디로 사라져, 아직 그리지도 못했는데
흑연 가루처럼 몰려왔다 먼지처럼 사라지는
새 한 마리, 획—

비는 손의 모습으로

빗방울에도 손이 있다면
서늘하고 투명한 손일 것이다
손끝으로 조심스레
서랍 깊은 곳을 뒤적이는 손

묵은 기척을 건드리는 듯
내 안쪽 마음을 닦는다
잊은 줄 알았던 이름이
물 아래 잠긴 마음처럼 천천히 드러난다

손은
사람의 무늬를 알아보는 감각을 가졌다

오래된 음반에서 튀어나오는 한 음처럼
오래된 편지를 펼치는 손끝의 떨림처럼
명치 속에 숨어 사는 아릿함이 일렁인다

누구나 다 닦지 못하는 얼룩

비는 묻지 않는다
나는 끝내 말하지 않는다
미워하지도, 허락하지도 않으면서
먼지의 표면을 닦는
투명한 손

닿지 못하고, 멀어지지도 않은
서늘한 체온 하나

피아노를 지키는 밤

가구 위에 빨간딱지가 붙었다
멀쩡하던 가구에 붉은 눈이 생겼다
붉은 낙인이 된 것도 모르고
장롱은 묵묵히 벽을 등지고, 식탁은 네 발을 가지런히 모은 채
가만히 앉아 있었다

피아노도 눈을 떴다
아내의 눈과 피아노의 눈이 마주쳤다
붉게 충혈된 것들은 서로를 오래 바라보았다

뚜껑을 열고, 아내가 말했다
이것만은, 안 돼

소리는 음표가 되고
음표는 방향을 잃어 집 안을 떠돌았다
햇빛은 기차처럼 밝아졌다가 어두워지고
나는 검은 짐처럼 가만히 앉아 있었다

아내의 것이었으나 더 이상 아내의 것이 아닌
가구들이 동시에 입을 열었다
"우리 어디로 가는 거야?"

그 순간, 나는 알았다
피아노는 악기가 아니라
아내의 몸이었다는걸

누군가 몸 한쪽을 떼어 가려 한다면
사람은 얼마나 맹렬히 저항하는가

피아노를 끌어안은 아내의 등을 보았다
나는 밤을 끌어안은 사람처럼, 그 곁에 앉았다

그날 밤,
피아노를 지키는 일이
아내를 지키는 일이었다

책방 일기

다양한 이야기가 꽂혀 있는
책방은 생각보다 조용하지 않아

이건 내 생각이지만

책 속의 사연들은
사랑을 이기지 못하고
사랑에 잡아먹힌 어느 작가의 진술서겠지
관계라는 인간 고리로 끝없이 이어진 우리
실패를 거듭하고
실패라는 모퉁이를 돌고 돌아
책장에 도착한 빼곡한 이야기 상점

어떤 자잘한 불안이 섞인 글자들이
가는 실눈을 뜨고 귀를 크게 연다

생각지도 않던 고백의 계보 같은
울고 웃는 시간의 톱니 자국 같은

이별이 식지 않은 가슴에서 반짝 살아나기를

실패한 사랑과
솔직한 고백의
계보를 판매하는 책방은
가장 그리운 추억을 파는 상점이다

슬픔이 뛰어내리는 장소

쌀을 씻고 있는데
울음이 다가왔다

평형을 잃은 우리의 어떤 순간이
왈칵, 나를 덮쳤을까

정오, 여름 나무 아래서
문득 당신의 안부가 돋아나 하루의 절반을 헤엄쳐 다녔다

여섯 시의 언저리,
우울이 떠다니는 물가에서 쌀을 씻는다
정갈하지 못한 낱알 같은 뿌연 말들을 흘려보낸다
이렇게 분분히 당신 속으로 흘러들어 중얼거린다
뾰족하게 솟구치는 울음의 발행처를 들고 서 있다가
눈물 몇 방울 밥물에 빠지는 걸 보고 눈을 감아 버렸다

속눈썹은
슬픔이 뛰어내리기엔
가장 좋은 장소

문득 약속도 없이 먼 거리를 달려온 당신의 맨얼굴이
아른거렸다

뜨거운 눈물 냄새를 담은 소리의 재생기처럼
압력 밥솥은 벌벌 몸을 떨고
이제 와 다시 밥물을 바꿀 수 없는 것처럼
아무 의미 없이 앞장서 걷듯이
울음이 다녀갔다

제대로 삐뚤어졌습니다

성모상의 푸른 망토가 흘러내렸다
길 위에 주름을 만들고 골목을 따라 번져 나간다

푸른 망토, 그 위를 나는 걷는다
발끝이 틀어지고, 어깨가 기울어지고
목을 꺾고 걸으면 잔잔하지 않은
갸웃 기울어진 공중으로 나는 붕 뜬다

랄랄라, 오늘은 유쾌한 하루
잠언 같은 푸른 말들을 뱉어 내
툭툭 굴려 보낸다.
단어들이 하늘에 부딪혀 조각난다

오늘의 기도는 자꾸 골목을 헤매고
내 혓바닥은 붉은 줄을 내리긋고
혼자서 키득거린다

푸른 바다보다 더 깊고 넓다던

당신의 역사는 움직이지 말아요
나는 반짝이는 기도를 지붕 위로 던질게요

내가 쌓은 기도가 왜 자꾸 튀쳐나가는지
당신이 불쌍히 여겼던 나의 감정이
지붕 위에 차곡차곡 쌓이는 것
다 알아도 모른 척해 줘요

랄랄라, 나는 제대로 삐뚤어집니다
나는 나를 사랑하기로 하고 나에게 눈멀기로 했습니다

농담 한 송이

나는 그를 위로하면서도
나는 나를 어루만져 주지 않았다

그런 날,
연둣빛 농담을 피우는 사람을 만났다
서러움이 한결 가볍게 풀렸다
농담도 누군가의 가슴에 꽃으로 피어날 때가 있다

한 사람의 가장 서러운 곳으로 가
농담 한 송이*를 따 오고 싶다는 시인

슬픔이 얼마나 깊으면
흔한 말장난 하나를 꽃이라 부를까

병病의 깊은 구덩이를 끌어안고
한 송이 농담이었던 순간을 건져 올린다
봄날 나비가 날아가듯
공기 속으로 스며들 것 같은,

지금은 싸늘하게 식어 버린 날들,
누군가 다녀간 다정한 체온만큼이나 아련하다

병마와 싸우는 한 사람이
비릿한 유서 같은 눈물을 쏟으며
암초처럼 자란 서러움을 열람한다

누군가 내 손에
조심스레 농담 한 송이를 건네 올려놓으면
나의 기도가 조용히 피어날 수 있겠다

* 허수경, 「농담 한 송이」, 『누구도 기억하지 않는 역에서』, 문학과
  지성사, 2016.

달러 이야기

풀들이 뒤덮인 산 아래
침묵하는 숲과
눈물 젖은 담요의 얼룩진 달러들의 이야기다

파리한 생이 뭉뚱그려진 그들을 달러라 불렀다
한때 달러는 그들의 종교였다

값은 정해져 있었다
거래가 정지된 달러는 페니실린 값으로 정해졌고
달러와 달러 사이에 벌어지는 권력은 자랑 아닌 자랑거리였다

종교보다 센 권력이 달러를 밟고 다녔다
아무도 밟지 않았다고 하지만
이미 으스러지도록 밟혀 있었다

가난을 포섭한
달러들은 웃었고

질문을 배운 적이 없는
달러들은 입을 다물었다
달러를 가진 사람들은 듣지 않는다
듣는 법을 배우지 않았으므로

주머니에 들어간 달러는 땅을 사고 집을 지었다
밟히고 다친 달러는 권력의 달러를 반격할 무기가
없다

탈이 많아서 덮을수록 더 선명해지는
몽키하우스
지금 그곳에 어떤 흔적이 있는지 만져 보는 것이다

3부
관찰자의 거리

이번 역은 향기역입니다

1호선 전철엔
간혹 옥수수 술빵 껌 파스 라이터 부채 돋보기 등 여러 가지 상품이 탑승한다

나는
삶은 계란과 사이다를 팔던 통근 열차와
즉흥 쇼핑몰이 연출되는 1호선 전철을 구분하지 못한다
입과 입을 통해 추억이 되살아나는 기차나
광속의 세월을 뚫고 호기롭게 등장한 전철이나
어느 것이 아련하고 그윽한지 모르는 게 즐겁다

얼굴들이 덜컹 열렸다, 덜컹 닫힌다

유랑에 사무치거나 밥벌이에 사무친
장바닥 같은 북새통인 도시를 벗어난 사람들이
이 순간이 꽃의 기분이라 치면
꽃병 같은 집으로 안내하는 향기역에 닿기 때문이다

"이번 역은 동두천역입니다.

 오늘의 지친 피를, 붉고 환한 향기로 물들여 가시길 바랍니다."

 꽃 무더기가 와르르 터져 나온다

 저기 4번 출구로 걸어가는 등 굽은 아저씨 꽃,
 저기 1번 출구로 걸어가는 빨간 구두 아줌마 꽃,
 저기 무리무리 어리고 아리따운 아이들이 향기처럼 지나간다

 향기역이 출렁거린다

숲의 개인사

비의 혀가 나뭇잎을 핥을 때마다
축축한 신음이 번진다

덩치 큰 사내가 숨을 몰아쉬듯
바람이 잦은 탄식을 흘리고
나뭇잎들은 어깨를 부르르 떨며
짧고 얕은 몸짓으로 끌어안는다

한껏 달아오른
경건하게 혹은 음탕하게
숨을 고르며 젖어 가는 숲

이 비 멎으면
붉다 못해 눈 시릴 숲
저 깊은 곳에서
무슨 일이 일어나는지

개인적인 숲의 일

매미의 계절에

울음을 사육하는 터널을 찢고 나온
매미가 자기 울음을 똑바로 들고 있었다

피멍처럼 뜨거운 통로를 지나는 것처럼
날카롭고 진지하다

기상 캐스터의 말은 내게 닿지 않았다
날씨는 내게 말을 건 적도 없었고
새들은 일찍 일어났다는 사실만 남겼다

매미는 울음을 짝짓고
나는 나의 히스테릭을 벗겨 매미 쪽으로 던졌다

울음의 등껍질이 먼저 부서지고
한 계절이 이렇게 교미만으로 채워졌다

소리로 계절을 덮어 버리는
이곳은 울음의 교차로,

한 겹씩 무너지는 나는
끈적한 나무의 심장에 매달려 생을 흉내 내고 있다
매미의 계절에

불쑥, 사과

쥐들의 발자국이 몰려다니는
새벽
그가 다가와 음영처럼 속삭인다

내 사과를 받아 줄래?

불쑥 건네는 사과의 심정을 더듬거리다
그를 외면했다

깊은 밤 먼 곳을 찾아온
얼굴

그러나 꿈속의 사과는
만질 수 없는 거리

실체 없는 사과의 잔상이 떠나질 않고
내 머리 위로 거처를 옮긴
쥐들의 소리가 후르르 몰려다니는

후르르
후르르
후르르

너의 얼굴이 다녀간 밤

레미콘을 운전하는 엄마

연속극 봐야 하는데 레미콘 못 봤냐?
TV 앞에 눕다시피 앉은, 엄마
KFC 광고를 보시다가

"막내가 저기 KT에서 햄버거랑 통닭을 사 왔는데 맛없더라, 먹어 봤냐?"
하신다

나는 말없이 웃다가
KT를 생각하다

"저는 KTX를 한 번도 못 타 봤어요, 엄마는?"
"개인택시를 한 번도 안 타 봤다고? 야야— 신시가지 나가면 흔한 게 개인택시다!"

깨꽃 같은 웃음이 방 안 가득 휘날린다

언젠가 "후세인이 잡혔대요." 했더니

후시딘 연고를 내어 주시며
"어디 다쳤냐?" 하시던, 그날부터였나
귓속을 다니는 협궤 열차
조금씩 조금씩 가는귀 실어 보내시던 엄마

아랫목에 앉아
마음 편히 텔레비전을 보기 위해
달려온 시간이 하마 50년
연속극 시간표는 죄다 머릿속에 꼼꼼 심어 놓은
똑똑이 엄마

레미콘에 연속극 한 편 싣고 오시는 사이
가는귀 태우고 오시는지
틀니 뺀 합죽한 입을 오물거리며
기쁘시다가 슬프시다가 욕하시다가
무릎 덮은 이불을 펄럭거리며

"레미콘, 레미콘, 레미콘 어디 있냐?"

오늘의 일용할

뜨겁게 내뿜는 6월의 입김으로
수두룩 장미가 피었다는 뉴스가 흐른다

동사무소 가는 길 주공 아파트 울타리에도
아랫집 목조 주택 울타리에도
길 건너 빨간 스틸 기와집 하얀 울타리에도
장미가 살고 있다는 소식이겠지

몰아치던 빗줄기의 흔적이란 어디에도 없는
슬슬 약 기운이 떨어지는 오후

장미를 좋아하던 내가
세상 모든 꽃과 거리가 먼 응달진 구석에서
자잘한 죄가 흐르는 실핏줄의 미미한 기록을
손가락을 동원해 모으는 일 외에
아무 일도 일어나지 않는
오늘의 일용할
풍요로운 외로움이다

밤 버릇

우리 백구는
저 장중한 밤하늘에
쩌렁쩌렁 목소리를 높여
별 하나를 떨어뜨립니다

귀뚜라미는
세상에서 가장 나지막한 노래로
밤의 부스러기를 자근자근 되씹으며
어둠 속 골목을 통과합니다

나는
읽다 만 소리에 잠을 놓치고
갸웃갸웃 걸어가는 어둠 한 조각
오도독
씹어 삼킵니다

첨벙이라는 귀

병마病馬는
나를 기어이 외로움이라는 감옥으로 몰아넣었다

그해 여름은 무성했고,
봉선사 연못은 물비린내로 출렁거렸다
풀 냄새는 더 크게 출렁였다

모든 냄새가 서로를 알아보는데,
나는 이름도 냄새도 없이 홀로 갇혔다

나는 언제부터 혼자였을까

대웅전 처마 끝에 매달린 풍경
바람이 스치고 구름이 머물다 간다

풍경은 애초부터 혼자였다고 한다

나는 병에 흔들리다 여기까지 왔지만

풍경은 허청허청 마음 흔들며 어디로 가고 싶은 걸까

스님의 목탁 소리가
도주를 꿈꾸던 풍경의 발목을 단번에 잡아 세웠다

먹구름은 지느러미를 달고
빗방울은 첨벙 뛰어내렸다

아무도 오지 않는 유배지 같은 곳에
첨벙, 이라는 귀가 생겨났다

떫은 겨울에

한 계절이 감이 익어 가는 속도로 진행된다
박스 속 감들이 서로의 몸을 비비며 천천히 물러지고 있다
바닥에 깔린 감은 눌려서 멍이 들고
껍질이 터진 곳에서 단물이 배어난다

단맛을 긁어모아 한 계절을 녹여야지

쇠부엉이 울음이 허공을 긁는 밤
나는 즉흥적으로 쓸쓸하지 않는다
쓸쓸하다고 애원하지 않는다

"감이 익기를 기다리며 나도 소리 없이 익어야지."

붉어 가는 감을 자주 들여다본다
추위가 얼었다 풀렸다 반복하는 동안
주홍빛 살을 파먹고
조금씩 붉어지는 나를 관찰하면 된다

덜 익은 감을 베어 물면
혀에 사포를 문지르는 것처럼 떫다
온 세상 떫은맛이 한꺼번에 몰려와
세상이 던진 말들이 모래처럼 입안 가득하다

"날 선 말들, 떫은 말들은 게워 내야지."

겨울은 길다
박스 속 남은 감도 충분하다
이런 다사로운 허기가 즐거움의 전부라서

"참 떫은 계절이다."

손의 말을 들어 보면

손은 때때로 명령조다
숨소리가 거친 쿠쿠 여사에게
밥을 시키고
그르렁거리는 세탁기의 몸속으로
어제의 껍질을 구겨 넣는다

실시간 올라오는 뉴스를 불러오고
손바닥만 한 문을 열고 지구 곳곳을 걸어 다닌다
쇼핑도 하고 계산도 척척 해 주고
기분에 따라
칭찬도 욕도 거침없는, 손의 역할

물에 불은 쌀이 익어 가는
사이,
엎치락뒤치락 옷들이 몸을 씻는
사이,

시카고에 사는 친구의 안부를 묻는

손은 쉴 틈이 없다
수다마저 빼앗긴 입을
졸지에 소심하게 만드는, 손

전철 밖의 풍경이 달릴 때도
밥을 먹으면서도
앉아서도 누워서도 걸을 때도
손은 디지털 시대 노동자의 몸으로 근무 중이다

빠름 빠름이라는 시대의 규칙대로
숨 가쁘게 일만 하는 손은
먼먼 석기 시대부터 바쁜 일손이라 불렀다

엄마의 산에 오르세요

우리 집 개는 매일 산으로 간다
푸른 하늘 낮게 드리우는
들메나무, 떡갈나무, 다래나무가 길을 열어 주면
풀잎들이 개의 콧잔등을 어루만진다
엄마랑 뛰놀던 산,
이제는 혼자 오르는 산,
오래된 이야기를 써 놓은 것처럼
숲이 술렁술렁 몸을 뒤적거린다
쿵쿵
엄마 냄새, 엄마 냄새, 엄마 냄새…
개는 보물찾기하듯 냄새를 따라다닌다

흙냄새, 풀 냄새, 바람에 묻혀
사라진 엄마들
어디라도 살아 있을 것 같은
우리들의 엄마는 모두 산으로 올라갔다

나도

엄마의 냄새가 그리울 때는
엄마의 산에 올라 냄새의 포식자가 되는 날 있다
그런 날은
조금이라도 힘이 세져서 내려왔다

저녁이 앉아 있네

지는 해를 삼키며 수억만 개의 물비늘이 밀려온다
바다를 닮은 하늘가에 서 있으면
노을이 발목까지 차오르는 날 있다

노을로 물든 신발을 신고
마주칠 사람 없는 마을을 거닐다
문득, 하늘에 걸린 노을과 마주치면
꿍 닫힌 마음이 저 혼자 열린다

해가 머무는지 지는지 바라보는 일
쌀은 떨어지지 않았는지, 보일러는 들어오는지
삶이 위태로운 한 사람을 생각하는 일처럼
무거운 저녁

오늘 같은 밤엔
적막이 밀어 올리는 풍경으론
영하의 밤을 견디기 어려울 것이다

삶이 편하지 않을 때
해는 빨리 떨어지고
바람은 문풍지를 뚫고 들어와
주인처럼 앉아 있는
가난한 저녁

나를 안아 주세요

낯선 차를 타고 떠난 막내를 잊고
우리는 쑥쑥 자라는데
엄마는 점점 야위어 가요

밥풀처럼 싸락눈이 내리는 오늘
밥풀 밥풀 내리는 그것을 받아먹는데
세상이 온통 밥풀인데
왜 이렇게 배가 고픈지
먹고 싶은, 먹고 싶은
먹고 싶은 것만 아른거려요

막내를 데려간 웃음의 무늬가 걸어와요
저기

따뜻한 웃음의 무늬로
나를 선택해 주세요
나를 안아 주세요

엄마는 현관 앞에 앉아 텅 빈 그릇을 오래도록 쓰다듬어요
막내가 남기고 간 흔적을 지우지 못한
눈이 내리는 마당을 바라봐요

나는 엄마의 강아지
네 발로 걸어가 꼬리를 살랑이며 엄마 곁을 맴돌아요
집도 잘 지키고 엄마처럼 주인 말 잘 듣는 착한 어른이 될게요

잊지 않을게요
산갈나무 숲에 겨울이 내려앉는 날 그날이 바로 나의 생일이라는 것

엄마의 빈 젖은 말라 가는데
나는 점점 더 배가 고파요
배가 고프면 자꾸 잠이 와요
눈을 감으면 따뜻한 것들이 떠올라요

나는 웃음의 무늬에 폭 싸여 둥둥 떠가요

안녕 엄마 안녕 언니 오빠들

4부

새와 우주, 비가시의 거리

작설

이구룡, 입이 둘이라 거짓말도 두 배
천국이 난장판이 된 건 순전히 저놈 입 때문이고

저팔계, 반도원 열매를 싹 쓸어 먹고도 술김에 딱 잡아뗀다
"내가? 내가 언제?"

손행자, 자기 머리털을 뽑아 상제 얼굴을 빚더니
선녀들 앞에서 허수아비 쇼
"상제님이랑 한판 뜨실래요?"

사화산, 연못 물을 들이켜 한 방에 물고기 씨를 말리고

법사 놈, 저승사자 명부에 온 세상을 같은 날로 적어
천지가 하마터면 집단 퇴근할 뻔

쯧, 쯧, 쩍쩍, 결국 이 망나니들
천궁에서 쫓겨나

구름이나 세고 바람이나 쓰다듬으며
한량처럼 빈둥대는 신세
도대체 요괴는 언제 잡으시렵니까
쯧쯧, 짹짹

오호라, 햇살에 반짝이는 저 야들야들한 작설!

겁도 없이
새 한 마리
추녀마루 끝에 잡상들을 줄 세워 놓고
머리통을 쪼아 댄다
명색이 요괴 잡는 잡상들이
이러지도 저러지도 못하고 뻣뻣하게 서 있는 꼴
푸른 하늘이 배꼽 잡고 웃는다

여름이면 여름이지

홀딱 벗고— 홀딱 벗고—

검은등뻐꾸기
너
어디 숲 한복판서 노래질이야

나는 귀로 웃지만
벗은 몸 본 적 없으니 못 믿겠다

새도 웃고
숲도 키득거리고

새 한 마리
산 하나 비웃고 지나간다

여름은 늘
이렇게 웃기지도 않게 흘러간다

걸어서 오는 새

진혼굿이 시작되자
하늘과 땅 사이 벌어진 틈으로 바람이 새어 나왔다
무녀가 손을 뻗어 시루를 가리켰다

"발자국이 보이지?
어둠을 벗어나, 날아올랐어."

죽은 사람의 발바닥에서 날개가 돋아났다
엉켜 있던 검은 머리카락이 흩어지며
깃털이 되어 팔랑거렸다

어떤 이는 죽어 새가 된다더니
엄마는 사라진 모든 것을 업고 날아갔다

그날 밤
늙어 가는 나무 아래로 새 한 마리 걸어왔다
발자국은 촉촉하게 젖어 있었다
빗물처럼 눈물처럼

삐욧— 삐욧—

날개를 접고 앉은 새는
젖은 발을 비비며 흙바닥을 닦았다
나무가 뿌리를 움켜쥔 채
새의 울음을 받아 적었다

부리 속에 남은 말들이 있을 텐데
나는 끝내 듣지 못했다
새가 몸을 털고 돌아설 때
깃털 하나
내려앉는 꿈이었다

새는 누구인가

병이 깊은 계절이었다

붉은 심장을 매달고 있는
창밖의 감나무에
파란 물까치가 날아들었다

어떤 파랑은 바람처럼
어떤 파랑은 웃음처럼
푸르디푸른 꼬리를 끌며
베개 끝에 앉아
작은 주술을 속삭이며 나를 일으켜 세웠다

나의 창은 파랑의 복사판

나의 입술에서 새의 말이 자라나고
깃털처럼 가벼워지고 싶은 통증의 번역기가 되어
날아다니는 꿈을 꾸었다

어쩌면 나는
새이거나
새의 이름으로 지어진 꿈을 걷는
새를 돌보는 마지막 인간이거나

혹은
그 모두이거나

새집 무료 분양

최신형 주택 무료 분양합니다
주소는 우람한 낙엽송
세 번째 가지

땅에서 십 미터 올려 지은 집은
떠다니는 구름과 친구입니다

등기 없이 소유할 수 있는
탁 트인 하늘

여름에는 바람으로
겨울에는 햇살로
냉난방이 해결됩니다

전기 요금 한 푼 내지 않고
주야로 햇빛 달빛을 켤 수 있고
가까운 곳에 개울이 있어
수도 요금 걱정도 없습니다

천적을 막아 주는
개 한 마리
나무 밑에 살고 있어
안전을 보장합니다

단, 입주 조건은
알람처럼 정확하게 나의 아침을 깨워 주는 일입니다
그러니 아침잠이 많은 새는
입주를 사양하겠습니다

이 조건이 맞는다면
조용한 평화 같은, 그늘 한 조각 드리겠습니다

응시

어떤 불안한 가지 끝을
유랑하는 형상일까
낯설지 않은 불안의 내면을
바라본다
나무의 결을
온몸에 새기고
부리는 지나온 능선을
더듬으며
가장 아프게 날아온
솟대
바짝 얼어붙은 문장을 들려준다

나는 듣는다

언제 미끄러질지 모를 균형 위에서
흔들리는 중심을
푸석거리는 눈발 속에서 조금씩 조금씩 단단해지는 균형

그믐밤보다 더 깊고 으스스한 한 아름의 그리움
어디에 쏟아 놓을까

나는 듣는다

딱 걸렸네

얼마나 큰 새가
얼마나 많은 양의 오디를 먹었으면
주먹만 한 보라 똥을

퍽—
쏟아 놓았다

산비둘기며 박새며 까마귀며 까치며 참새들이
끼니를 때우고 떠난 자리
뽕나무 그늘이
보라로 흥건하다

젖은 발을 종종거리며
만찬의 시간을 보내는
새들의 식사 시간에 끼어들어
나뭇가지를 휘저으며
입가에 온통 까만 물이 드는지도 모르고
나도 열매를 따 먹는다

내 것 아닌
식량을 뺏어 먹는 기분
잠시 이런 죄책감이 들어
두리번두리번
하늘의 눈치를 살피는데

전깃줄에 앉아 나를 노려보는
굴뚝새
오, 나한테 딱 걸렸네

한 뭉치로 던지는 눈빛에 얻어맞아
내 입이 까맣게 멍들었다

쿵

네 첫 심장 소리는
블랙홀의 맥박 같았어
아무것도 들리지 않는 나의 밤에
초신성처럼 터져 나온 너의

'쿵'

나는 신비의 진동에 중독되기로 한다
내 안의 은하가
조용히 너의 궤도를 따라 돌기 시작한다

네가 도착하는 날
지구의 중력이 잠시 흔들릴 거라는 말을 들었어
시간은 너의 발아래 엎드릴 준비를 하고
나는 인간이 아닌 어떤 종교처럼
너를 믿고 기다리면 된다

너는

우주로부터의 답장
오래 기다린
신비의 기호

우주가 온다

아가, 너는
넌 별 항로가 지워진 지도 위로
혼자 항해를 시작했구나

중력도 없는 자궁의 어둠 속에서
별자리 틈을 지나
시간의 접힌 모서리를 건너

두 주먹 꼭 쥐고
네 속도를 계산하며

세상 가장 정밀한 우주선에 실려
은하의 미세한 떨림을 지나
탐사선도, 통신도 없이
오직 심장 소리 하나만 반복하는 태동으로
쿵, 쿵—
나에게 좌표를 찍었지

나는 매일
복부의 공기층을 통신 안테나 삼아
네 신호를 듣는다

혹시 항로를 잃을까
방향을 틀까, 추락할까
숨도 쉬지 못한 채
너의 착륙을 기다린다

무사히 지구의 대기가 열리고
작은 손, 작은 발, 아직 닫힌 눈으로
오직 내 품 안으로 무사히 도착하기를

지금 이 별의 모든 시간이
너 하나로 다시 리셋되고 있다

우주가 왔다 1

이 생명체는
엄밀히 말해 태어난 것이 아니다

수천 광년을 관통한 후
한 인간의 체내 우주에
조심스레 착륙한 외계적 기원

심장이라는 동력 장치가
처음 울렸을 때,
그 소리는 기계의 진동이 아니었다

물, 바람, 공기
이 행성의 모든 요소가
그 파동 하나에 반응했다

착륙 전,
모체는 감정이라는 고유 신호를 통해
지속적으로 교신을 시도했으며

탑재체 역시 주기적인 태동으로 응답하였다

탑재체는 인간형 구조를 실은 양수로 감싸 있었으나
그 눈빛은
시간 이전의 어떤 별에서
직접 채굴해 온 것처럼 깊었다

이 생명은, 단순한 탄생이 아닌 전송이었다
의도를 가진 도착, 예정된 불시착
보고자는 이후 감정 체계를 과열 상태로 유지
"고맙다"라는 단어가 수백 번 재생되었으나
그 어떤 언어로도 완전 전송 불가

이 생명은 지구에서 가장 오래 기억될
작은 외계 신호일 것이다

이상 출생 보고를 마친다

우주가 왔다 2

지구 기준 8월 5일
태양이 정오를 잊은 시간에
출생 신고서를 작성한다

이 행성의 공기층이
가장 뜨겁게 떨릴 무렵
아가는 착륙했다

도킹 직전
모체는 하루에도 수십 번
자신의 내면 우주를 점검하며
불안과 설렘이라는 이중 감정 주파수로
통신을 시도

도착 시
아가는 울음을 선택했다
이곳의 언어가 아닌
우주의 진동으로

그 울음은
태양보다 뜨거웠고
모체는 그 열기에 녹듯이
눈물을 흘렸다

그 순간
지구는 그의 존재를 인식했고
모체는 '재희'라는 이름을
우주의 모든 가능성 위에 올려 주었다

사랑의 여름
별이 가장 가까이 도착한 계절이었다

달의 무대

밤의 커튼이 젖히고
달이 무대에 오른다
천천히 조명을 밝히듯

달이 이마를 쓱 훔치며, 외딴집을 스칠 때
천보산의 굽은 등을 토닥이며, 능선을 넘을 때
꿈결처럼 속삭이는, 산마을을 지날 때
자락자락 물풀을 쓰다듬으며, 개울을 건널 때

잠든 숲이 깨지 않게
잠든 새가 깨지 않게
잠든 집이 깨지 않게

관람객의 표정을 살피듯
달은 제 온 길을 둘러본다

대사도 없이
행위 예술로 빛을 다 소진하는

저 고요한 달의 몸짓을 지켜보다
까무룩 잠이 들었다

극의 마지막 장면을 보지 못하고
나의 고요는 이렇게 막을 내리는데
나는 여전히 달의 몸 안에 갇혀 있다

오버

카톡이 너의 생일을 배달해 주었다, 오버
작은 새장 같은 방을 연다, 오버
먼저 다녀간 누군가가
담벼락에 써 놓고 간 축하의 말을 읽었다, 오버

누군가는 여전히 살아서
죽은 자의 안부를 묻는다

너의 모든 스토리는 흑백으로 바뀌고
고독의 방엔
그날이 그리워 웃는 네가
그날이 그리워 우는 내가 있다
사라진 주인공의 Birthday는
Happy 할 수 없다

몇 방울의 눈물이 더해질까
그래서 더 조심스러운, 신의 영역 같은
죽은 자의 방

오늘이 아니면
누가 너와의 교신을 시도할까

이 쓸쓸함의 총량이 넘치는 방이 철거되려면
얼마나 더 시간이 필요할까
이런 그리움은
언제쯤 나달나달해질까

하늘이 던진 부고장을 풀썩 뒤집어쓰고
너는 단지 죽었을 뿐

망가진 노래 테이프처럼
울렁거리는 스토리를 들추며
손뼉 칠 수도 없는
창백한 Birthday

너와 펄럭이던 시간이 아득해져서 미안하다, 오버

너는 지금
우주 어느 별에 있는가, 오버

해설

고독의 데페이즈망
이병국(시인·문학평론가)

해설

고독의 데페이즈망

이병국(시인·문학평론가)

내면의 불안

문선정 시인의 시집 『입술 위의 검은 새』는 "르네 마그리트의 그림 같은 하늘"을 응시하며 시작된다. 「마그리트풍 창문」의 저 구절은 "긴 장마로 무연해진 몸의 뒤척임" 너머로 넓게 펼쳐져 화자의 시계視界를 장악한다. 강렬한 생의 역동이 느껴지는 하늘을 바라보며 화자는 "해의 냄새를 밟으면서/지루할 뻔했던 하루를 데리고 가만가만 걷는다". 하지만 화자는 이내 "이런 나를 내려다보는 그림이 술렁거"릴 것을 예상한다. 그렇기에 그 전에 "날개를 편 새의 모양으로 하늘을 오려 내어/내 가슴에 창문 하나 만들고 싶다"는 소망을 드러낸다. 어째서 그림이 술렁거리리라 생각하는 것일까.

주지하다시피 르네 마그리트는 초현실주의 화가로 그가 주로 사용한 미술 기법은 '데페이즈망Dépaysement'이다. 데페이즈망은 특정한 대상을 상식적 맥락에서 떼어 내 이질적인 다른 상황에 배치함으로써 기이하고 낯선 장면을 연출하는 것을 가리킨다. 문학에서 가장 유명한 것은 로트레아몽의 『말도로르의 노래』에 나오는 "재봉틀과 우산이 해부대에서 만나듯이 아름다운"이라는 표현일 것이다. 해부대 위에 놓일 수 없는 '재봉틀'과 '우산'의 조합이 불러일으키는 낯선 이미지는 현실 너머의 몽환적 세계로 우리를 빠져들게 한다. 르네 마그리트의 그림 역시 비슷하다. 기왕의 맥락과 상황에서 벗어나거나 서로 다른 것을 결합시켜 그 성질을 다르게 만드는 등의 데페이즈망을 활용한 마그리트 역시 낯선 이미지를 통해 우리가 속해 있는 현실에 의문을 품게 한다. 그리하여 상상력을 자극하여 고착화된 사고로부터 벗어나 불안하면서도 경이로운 감정을 느끼도록 이끈다.

문선정 시인이 응시한 하늘을 마그리트의 데페이즈망에 연결해 보면, 그것은 화자의 현실에서는 부재한 대상이랄 수 있다. 그러기에 "내 가슴에 창문 하나 만들"어 하늘을 담고 싶은 것이다. 밝고 희망으로 가득한 하늘이 야기하는 경이의 감각을 소망하는 것은 화자의 현실이 그와는 어울리지 않는다는 것을 방증한다. "세상에 그려진 무수한 이정표의 끌림에도" 휩쓸리지 않고 "오직 내게로 날아든 새"를 소망하는 것, 그리하여 "구부정한 나의 허리를 일으켜 세워 주"길 바라는 화자의 마음에는 단순히 경이로움을 가져다주는 "마그리트의 그림 같은 하늘"을 전유해 불안한 내면을 은연중에 드러내기 때문에 '술렁거림'에 대한 두려움이 깃들어 있는 셈이다.

시인은 "구부정한/나의 생"과는 이질적인 "잎 그늘에 어리는 나무의 짙어지는 생"을 겹쳐 놓음으로써 우리의 생이 "슬프거나 기쁘거나 한 울음을 터트리며 살아갈 수 있"기를 바란다. 그것은 눅눅함을 밀치고 그 어떤 보살핌도 없이 스스로 "새날의 연둣빛에 당도"하길 꿈꾸며 싹을 틔우는 감자의 "천진한 눈동자"(「감자에 싹이 나서」)의 양태로 전유되어 이번 시집을 통어하는 외로움과 불안의 층위로 경험된다.

감정의 응시

시인은 묻는다. "나는 누구의 타깃이었을까", 그리고 "나는 누구의 기억에서 살아남아 있을까"(「감정을 상속받다」). 스스로를 "감정을 말살하는/암살자의 운명"이라고 말하는 시인은 "원형의 하루, 삼각의 결핍, 사각의 방, 곡선의 기억"에 갇혀 "고독"한 존재로 시적 주체를 설정한다(「감정을 상속받다」). 이를 가족을 다룬 몇몇 시편들과 연계하여 불안정한 관계로 인해 파생된 정동에 근거한 것이라 볼 여지는 충분하다. 그러나 반복되는 하루, 사랑에의 결핍, 고립된 존재의 형상과 그로 인해 야기되는 과거의 기억이라는 층위에 제한하여 사유할 이유는 없을 것이다.

나는 더 이상
그리움을 제거할 수 없다

(…)

"괜찮다"라는 위장 어조는 무너졌고
"사랑했다"라는 금지어가
내 안에서 반복 재생되었다

작전은 실패했다
나는 암살자가 아니라
오랫동안 감정을 지키던 경비병이었을지도 모른다
그래서 나는, 이제 항복한다

기억이 침투한 자리를 봉인하지 않겠다
눈물이 지나간 자리도 그대로 둘 것이다
지워지지 않는 건, 지우지 않겠다

나는 누구의 그리움으로 남아 있어도 괜찮다
나는 누군가의 기억에서 살아도 괜찮다
—「어차피 항복」 부분

"감정을 말살하는/암살자의 운명"(「감정을 상속받다」)을 지녔다고 했던 시인은 이내 "나는 암살자가 아니라/오랫동안 감정을 지키던 경비병이었을지도 모른다"고 물러선다. "더 이상/그리움을 제거할 수 없다"는 것을 인정하는 일은 감정을 애써 외면하거나 그로부터 회피하지 않겠다는 다짐과 같다. 억지로 "괜찮다"고 하거나 과거형의 "사랑했다"는 말을 반복하며 자신의 감정을 제거, 은폐하는 일의 무의미함을 깨달은 것이다. 아무리 노력한다고 해도 내 안에서 감정을 지울 수는 없는 노릇이다. 그러니 감정을 제거하려는 "작전은 실패"할 수밖에 없다. 아니 어쩌면 '코끼리는 생각하지 마'라고 말하는 것처럼 감정을 제거하기 위해 반복해서 감정을 생각함으로써 그것을 지켜 왔던 것인지도 모른다. "그래서 나는, 이제 항복한다"고 백기 투항을 한다. 허나 "기억이 침투한 자리를 봉인하지 않겠다"는 다짐과 "눈물이 지나간 자리도 그대로 둘 것이"라는 언술은 항복이나 포기가 아닌 자신 안의 감정을 수용하겠다는 의지를 역설적으로 표출한 것이라 볼 수 있다. "누구의 그리움으로 남아 있어도", "누군가의 기억에서 살아도 괜찮다"고 말하는 화자는 감정을 외면하지 않고 그것을 응시함으로써 감정을 야기하는 대상이 무엇이든, 과거의 기억을 부정하지 않고 온전히 받아들이는 것을 선택한다. 중요한 것은 감정으로 인해 존재가 훼손되지 않는 것에 있기 때문에 시인은 감정이 야기하는 텅 빈 기표에 매몰되지 않으려 한다. 물론 "발목에 힘을 주고 살아도/천국은 쉼 없이 피고 지고/질서는 우아하게 무너지고/우리는 멋지게 망가"(「모란 모란 모란꽃」)지는 것이 삶의 진실일 수도 있다. 그러한 절망의 계기적 연쇄를 야기하는 "다정한 방식"의 "다정한 권력"(「나는 오렌지였어」)이 오랜 시간 존재에게 가해진 폭력을 어찌할 수 없기 때문이다. 그 앞에서 "제발, 그만!/나는, 무엇이든 되고 싶었고/하고 싶었고 가고 싶었고 만나고 싶었다//말하고 싶었고/소리 내고 싶었다"(「나는 오렌지였어」)고 외친다 한들 그것이 존재의 주체성을 증명할 수 없는 것과 마찬가지로 '나'를 둘러싼 세계는 "웬만해선 뚫어지지 않고 흔들림 없는"(「힘내요, 날씨」) 견고함으로 원초적 불화만을 상기시키며 '나'를 타자의 자리로 내몰 따름이다. 그러나 문선정 시인은 '나'로 하여금 "안개의 몸을 찢으며"(「힘내요, 날씨」) 길을 나서도록 이끈다. 그리하여 "젖은 속눈썹 사이로 고요한 풍경이 조금씩 드러"(「힘내요, 날씨」)나는 순간을 목도하며 억눌려 있던 내밀한 정서적 소요를 발산케 한다.

이불, 빗자루, 화분, 쓰레기 봉지, 물소리, 젖은 빨래

이런 개별적인 노동의 틈에서 불쑥 솟는 감정을 누른다

　　알약 하나로 일렁이는 멀미를 가라앉히며 나는 병을 통과하는 중인데
　　아픈 나로부터 멀어진
　　너는 나무속 외딴섬, 옹이처럼 갇혀 사는구나

　　우리는 입술의 말을 쪼아 먹는 검은 새
　　혀끝에서 맴돌던 이름이 뼛조각처럼 부서지고
　　삼킨 말들이 목구멍에서 발톱처럼 돋아났다
　　잘못된 드로잉, 잘못된 배색
　　서로를 그렸다가 지워 내는 색의 충돌
　　잘못 섞인 물감들이 수군거리는 지독한 불량 덩어리
　　그러한 실체 없는 그림자들이 5절지 종이 위에 번진다

　　4B 연필심은 힘을 조절하는 능력을 타고났다

　　듣고 있니?
　　입술 위를 맴도는 순한 호칭을 그리고 싶었어

새 한 마리 내 혀 밑에서 기다린다
말이 태어나기 전에 부리를 찢고 나와
순한 말을 쪼아 먹는 육식성 검은 새

현관 앞 화분, 부스럭거리는 쓰레기 봉지,
덜 마른 빨래 위로 내리는 3월의 눈 좀 봐
앵두꽃이 앉아 있는 허기진 나뭇가지도 눈을 먹어
치운다

너는 자꾸 어디로 사라져, 아직 그리지도 못했는데
흑연 가루처럼 몰려왔다 먼지처럼 사라지는
새 한 마리, 획—
　　　　　　—「입술 위의 검은 새」 전문

표제작인 「입술 위의 검은 새」의 화자는 일상을 영위하기 위한 "개별적인 노동"의 현장에 있다. 그러나 "개별적인 노동"은 한나 아렌트가 언급한 것처럼 개인의 생존을 위한 생물학적 과정과 일치하는 활동일 따름이라서 '나'의 개체성을 유지하는 데 도움이 될 수는 있을지언정 존재의 본질과 실존에의 사유로 이어지지는 않는다. 그런 이유로 화자는 그러한 "노동의 틈에서 불쑥 솟는 감정"을 경험해야 하지만 이를 표출하기보다는 눌러 억압할 뿐이다. 당연하게도 억압은 다른 방식으로 전치되어 드러나는데 시적 화자에게는 병의 형태로 나타난다("나는 병을 통과하는 중인데"). 이 질병이 존재를 망실할 만큼의 위협이 되지는 않아 보이지만 화자는 "아픈 나로부터 멀어진", 일종의 이상적 자아로 설정된 '너'에게까지 전화될 위험임을 분명히 한다. "너는 나무속 외딴섬, 옹이처럼 갇혀 사는구나"라는 비관적 인식이 이를 가리킨다. '너'는 현실적이고 개별적인 노동을 통해 생존에 몰두한 '나'와는 달리 자유롭고 이상적인 결과물을 생산함으로 존재의 영속과 지속을 상상할 수 있는 작업과 나아가 새로운 삶의 조건을 만들어 나가는 행위적 주체로 나아가야 하는 자아이다. 그러나 "아픈 나"의 응시 속에서 인식된 '너'는 고립되고 위축된 존재로 전락해 있다.

문선정 시인은 현실적 자아와 이상적 자아가 분리 불가능한 양태임을 분명히 한다. 시인은 '나'와 '너'를 '우리'라는 울타리로 묶고는 "입술의 말을 쪼아 먹는 검은 새"로 은유한다. 그러나 '우리'가 쪼아 먹은 "이름이 뼛조각처럼 부서"져 "목구멍에서 발톱처럼 돋아"난다. 존재를 명명하고 지시하는 이름은 하나의 기표일 따름이지만 그것이 부서져 상처를 내는 위협으로 전치되는 순간 이름이 지닌 자기 지시적 기능은 삭제되고 지시 불가능성의 불화를 야기하고 만다. 어디에서부터 잘못되었는지는 알 수 없지만, 일종의 거울처럼 서로를 되비추는 '나'와 '너'는 "잘못된 드로잉, 잘못된 배색"으로 말미암아 "서로를 그렸다가 지워 내는 색의 충돌", 즉 갈등만을 감각케 한다. 어쩌면 이는 개별적인 노동의 층위에 존재하는 현실적 자아가 상상할 수 있는 저 바깥의 풍경을 담지하지 못하는 고립된 이상적 자아에 대한 곤란이 투사되었기 때문인지도 모른다. "잘못 섞인 물감들이 수군거리는 지독한 불량 덩어리/그러한 실체 없는 그림자들"로 서로를 인식하는 '우리'는 그러므로 화해 불가능한 상황에 놓일 수밖에 없다. 이를 주체화의 불능이라고 말할 수 있지 않을까.

물론 "4B 연필심"이 지닌 "조절하는 능력"으로 말미암아 "입술 위를 맴도는 순한 호칭"을 새롭게 설정할 수 있을지도 모른다. 그러나 '우리'의 갈등은 "말이 태어나기 전에 부리를 찢고 나와/순한 말을 쪼아 먹"을 정도로 불화를 가시화한다. 그만큼 '우리'를 인식하는 '나'의 내밀한 정서가 부정의 정동에 휩싸여 있기 때문에 현실을 살아가는 '나'는 "현관 앞 화분, 부스럭거리는 쓰레기 봉지,/덜 마른 빨래 위로 내리는 3월의 눈"을 아름답게 볼 수 없다. 오히려 "앵두꽃이 앉아 있는 허기진 나뭇가지"

가 "눈을 먹어 치"우는 불화를 감각하며 그 무엇으로도 개별적인 노동의 고통을 해소할 수 없음을 드러내게 되는 것이다. 이러한 갈등의 층위에서 '나'는 '너'와 함께 '우리'라는 실존적 의미를 충족시킬 수 없는 삶을 아프게 깨닫는다. 그리하여 "너는 자꾸 어디로 사라져" 더는 '우리'를 "그리지도 못"하고 "흑연 가루처럼 몰려왔다 먼지처럼 사라지는" 불확실성만을 고통스럽게 향유하고 만다.

부정의 중지

그러나 문선정 시인은 절망적 정동으로 존재를 방치하지 않는다. 시인은 "관계라는 인간 고리로 끝없이 이어진 우리"가 "실패를 거듭하"더라도 그러한 "실패라는 모퉁이를 돌고 돌아" 존재의 "자잘한 불안이 섞인" 고백에 "귀를 크게" 열고 서로를 보듬을 수 있다고 말한다(「책방 일기」). 그것은 우리가 "사람의 무늬를 알아보는 감각을 가"진 손으로 마음 안쪽을 닦고 "잊을 줄 알았던 이름"을 떠올릴 수 있는 존재이기 때문이다(「비는 손의 모습으로」).

> 울음을 사육하는 터널을 찢고 나온
> 매미가 자기 울음을 똑바로 들고 있었다

피멍처럼 뜨거운 통로를 지나는 것처럼
날카롭고 진지하다

(…)

소리로 계절을 덮어 버리는
이곳은 울음의 교차로,

한 겹씩 무너지는 나는
끈적한 나무의 심장에 매달려 생을 흉내 내고 있다
매미의 계절에
—「매미의 계절에」 부분

 시인은 매미를 응시하며 그것이 "울음을 사육하는 터널을 찢고 나"왔으며 "자기 울음을 똑바로 들고 있"다고 인식한다. 매미에 투사된 시인의 자기 응시는 삶의 고통을 분명하게 감각하는 한편 그것에 절망하거나 좌절하기보다는 이를 찢어 자신 앞에 펼쳐 놓는다. 비록 그 고통이 다른 상태로 환원될 수 없을지라도 울음을 응시함으로써 다른 상태로의 살아 있는 이행을 도모하는 일은 고통 너머를 사유하는 계기로 삼을 수 있다. "피멍처럼 뜨거운 통로를 지나는 것처럼" 그것은 "날카롭고 진지"한 존재론적 수행을 필요로 한다. "울음의 교차로"에서 "한 겹씩 무너지는 나"를 지각하는 일은 '나'라는 존재의 부정적 정서를 떼어 낼 수 있는 적극적 수행이기 때문이다. 그리하여 "끈적한 나무의 심장에 매달려 생을 흉내 내고 있"는 것이라 할지라도 아픔에 매몰된 존재론적 고통을 고착화된 정서로 삼지 않음으로써 삶을 다른 양태로 이행할 수 있는 토대로 삼을 수 있게 된다. 이는 "삶이 위태로운 한 사람을 생각하"(「저녁이 앉아 있네」)며 "세상 모든 꽃과 거리가 먼 응달진 구석에서/자잘한 죄가 흐르는 실핏줄의 미미한 기록"(「오늘의 일용할」)을 모아 "푸석거리는 눈발 속에서 조금씩 조금씩 단단해지는 균형"(「응시」)을 잡아 존재의 중심을 새롭게 구성케 한다. 하지만 한편으로 의문이 들기도 한다. 존재의 고통은 무엇으로부터 연유하는 것일까.

「첨병이라는 귀」에서 문선정 시인은 이를 "외로움이라는 감옥"으로 제시한다. "이름도 냄새도 없이 홀로 갇"힌 고독을 존재의 근원으로 보는 것처럼 느껴진다. "나는 언제부터 혼자였을까" 묻는 시인에게 봉선사 "대웅전 처마 끝에 매달린 풍경"은 '나'란 존재가 "애초부터 혼자였다고 한다". 그런 점에서 몸에 깃든 '병'은 기실 실존적 고독의 증상인지도 모르겠다. 실재적이고 육체적인 병을 단순히 실존적 층위에서 사유할 수는 없겠지만 그럼에도 그것이 치열한 삶의 여정에서 겪게 되는 것이라는 측면에서 발현된 무엇으로 상상할 수도 있을 테다. 일종의 데페이즈망처럼, 기왕의 삶을 낯설게 바라보도록 이끄는 '병'의 실재는 존재를 "아무도 오지 않는 유배지"로 느끼게 할 수 있기 때문이다.

그러한 존재론적 고독에의 감각은 자신을 낯선 존재로 마주하게 하여 이행의 가능성을 부여한다. 그것은 "깃털처럼 가벼워지고 싶은 통증의 번역기가 되어" 자신을 "새이거나/새의 이름으로 지어진 꿈을 걷는/새를 돌보는 마지막 인간"이자 "그 모두"(「새는 누구인가」)일 수도 있다는 상상으로 전유되는 한편 '나'를 나만의 삶의 궤도에서 벗어나 "오래 기다린/신비의 기호"로 상징되는 타자의 "궤도를 따라 돌"게 한다(「쿵」). 「우주가 온다」와 「우주가 왔다 1」과 「우주가 왔다 2」에서 보여지듯, 이때의 타자는 '아가'의 형상으로 '나'에게 다가온다. 화자는 "'재희'라는 이름을/우주의 모든 가능성 위에 올려"(「우주가 왔다 2」) 놓음으로써 아이의 탄생을 예찬하는 한편 "지금 이 별의 모든 시간이/너 하나로 다시 리셋되고 있다"(「우주가 온다」)고 말함으로써 시집 전반을 지배했던 부정의 감정을 중지하고 다른 감정의 가능성을 연다.

비록 "나는 여전히 달의 몸 안에 갇혀" 고독을 실존의 증거로 삼을지라도 "나의 고요는 이렇게 막을 내리"(「달의 무대」)고 있음을 그리하여 "누군가는 여전히 살아서/죽은 자의 안부를"(「오버」) 물으며 다른 삶의 층층을 겹쳐 쌓아나갈 것임을 문선정 시인은 이번 시집을 통해 우리에게 전한다. 그리하여 이제는 이렇게 말할 수 있을 듯하다. 『입술 위의 검은 새』를 통어하는 외로움과 불안, 그리고 실존적 고통의 양태는 마침내 "천진한 눈동자"를 지닌 아이와 그 아이가 만들어 갈 "새날의 연둣빛"(「감자에 싹이 나서」)에 깃든 새로운 삶의 가능성으로 상쇄될 것이라고 말이다.

입술 위의 검은 새

2025년 11월 25일 1판 1쇄 펴냄

지은이	문선정
펴낸이	김성규
편집	조혜주 최주연 권은하 한도연
디자인	신혜연
펴낸곳	걷는사람
주소	경기도 용인시 기흥구 동백중앙로 358-6, 7층 (본사)
	서울 마포구 월드컵로16길 51 서교자이빌 304호 (지사)
전화	031 281 2602 / 02 323 2602
팩스	02 323 2603
등록	2016년 11월 18일 제25100-2016-000083호

ISBN 979-11-7501-037-6 04810
ISBN 979-11-89128-01-2 (세트)

* 이 책은 경기도, 경기문화재단 〈2025 경기예술생애첫지원(문학)〉 A트랙(재단출간지원)으로 발간되었습니다.
* 이 책 내용의 전부 또는 일부를 재사용하려면 반드시 지은이와 출판사의 동의를 얻어야 합니다.
* 잘못된 책은 교환해 드립니다.